DISCOURS

PRONONCÉ PAR

M. L'ABBÉ B.-J. VITTAULT

Curé de Charnay

A L'OCCASION DU MARIAGE DE

M. Louis CHATELET

AVEC

Mlle Joséphine ROUX

Le 3 Février 1883

MÂCON
IMPRIMERIE PROTAT FRÈRES

1883

DISCOURS

PRONONCÉ PAR

M. L'ABBÉ B.-J. VITTAULT

Curé de Charnay

A L'OCCASION DU MARIAGE DE

M. Louis CHATELET

AVEC

Mlle JOSÉPHINE ROUX

Le 3 Février 1883

MACON
IMPRIMERIE PROTAT FRÈRES
—
1883

Mon cher Neveu, Mademoiselle,

Vous voilà aux pieds des saints autels pour demander à Dieu de bénir votre union et vous jurer une affection que rien au monde que la mort elle-même ne pourra détruire. S'il est un acte important dans la vie, c'est bien celui que vous allez consommer dans un instant. Dans un instant, deux existences, jusque-là séparées, vont tout à coup se trouver réunies, confondues, et ne devront plus former qu'une seule et même existence. Comment un pareil évènement n'éveillerait-il pas au plus haut degré l'intérêt et des parents, et des amis, et de la Religion ?

Voilà pourquoi, mon cher Neveu et Mademoiselle, vous vous voyez entourés en ce moment de tous ceux qui vous aiment le plus en ce monde, de tous ceux que vous aussi vous aimez le plus. Voilà pourquoi nous avons tous voulu vous accompagner ici de notre affection, de nos prières, de nos bénédictions et de nos conseils. Et ce n'est point trop de toutes ces forces réunies pour vous introduire dans cette vie nouvelle, dans cette vie à deux que vous allez commencer, et y assurer votre bonheur autant que vous le désirez, autant que nous le désirons nous-mêmes.

Vous savez comme il est indissoluble le lien qui va fixer votre destinée en vous enchaînant l'un à l'autre. Cependant ne vous effrayez pas. S'il n'est que trop vrai que parfois il fait le malheur de personnes mal assorties, il est encore plus vrai qu'il rend heureux, en réunissant comme par une chaîne de fleurs, deux cœurs qui savent se comprendre. Grâce à Dieu, ils ne sont point aussi rares qu'on se plaît à le dire ces mariages bénis auxquels sont dévolues de réelles félicités. Seulement, il faut que vous sachiez bien à quelles conditions ils s'obtiennent.

Ces conditions, mon cher Neveu et Mademoiselle, consistent simplement à vous *aimer*, mais à vous aimer *chrétiennement*.

Dieu, qui nous a distribué le bonheur ici-bas avec tant de parcimonie, s'en est montré prodigue cependant en une chose, en une seule, et c'est *l'affection*. Dieu a mis beaucoup de bonheur dans l'affection. Et cela est tellement vrai qu'en tout ce que vous pourriez imaginer, le bonheur ne se conçoit même pas, à moins que ce sentiment intime et doux ne s'y mêle en une certaine mesure.

Si vous vous aimez, en effet, vous parviendrez sans effort à cette unité de pensées, de vues, de volontés, symbolisée par cette parole de nos Livres saints : *Erunt duo in carne unâ*. Or, cette unité n'est-elle pas le bonheur ?

Si vous vous aimez, les différences et même les aspérités de vos caractères s'évanouiront d'elles-mêmes. Il vous en coûtera peu de vous faire de mutuelles concessions. Que ne pardonne-t-on pas à qui vous aime et à qui l'on aime ? Or, cette facile indulgence n'est-elle pas aussi le bonheur ?

Si vous vous aimez, vous mettrez tout en commun, vos peines comme vos joies. Vous vous montrerez particulièrement unis à l'heure des épreuves ; car cette heure sonnera pour vous, comme elle sonne pour tous, je vous en préviens, et il se trouvera toujours que l'un de vous saura faire passer dans l'âme de l'autre une partie de son courage et de sa résignation. Or, ces doux échanges de consolation ne sont-ils pas encore le bonheur?

Aussi j'oserai rappeler à cette occasion cette belle parole de saint Augustin : *Ama, et fac quod vis*, ce qui peut se traduire ainsi : Si le mari aime sa femme et si la femme aime son mari, quoi qu'il advienne, leur bonheur n'en sera pas moins chaque jour mieux apprécié, plus profond et plus tranquille.

Mais, vous l'avez déjà compris, pour que tout cela se réalise, il faut que vous soyez des *époux chrétiens*. Lorsque nous parlons de Religion, on s'imagine assez généralement que nous n'avons en vue que les biens à venir : le Ciel et l'Éternité. C'est une grande erreur. Avant de faire notre bonheur dans l'autre vie, la Religion commence par le faire dans celle-ci.

Voulez-vous donc être heureux, vraiment heureux, aimez et servez Dieu premièrement; mettez Dieu de moitié en toutes choses; appelez Dieu au partage de votre amour; demandez-lui chaque jour, dans vos prières, de vous le garder bien pur et bien fidèle. Ou mieux encore

❈❈❈❈❈❈❈❈❈❈❈❈

et plus simplement : Soyez chrétiens ! non point chrétiens d'imagination et de sentiment comme il y en a tant aujourd'hui, mais chrétiens de conviction, de cœur, de conduite, de pratique, et fermement, quoique sans ostentation. A ce prix seulement, les joies d'aujourd'hui ne seront point, comme pour tant d'autres, l'ivresse d'un moment. Elles auront la durée de votre vie même. Elles ne feront même que s'accroître, parce que de jour en jour et d'année en année, en vous connaissant et en vous appréciant davantage, vous verrez s'établir entre vous une harmonie plus parfaite, une confiance plus entière, une affection plus inviolable. Vous chercherez de plus en plus votre bonheur, non point au dehors, dans les distractions et les plaisirs que le monde vous offrira, mais bien plutôt dans votre intérieur, dans le délicieux chez soi, au sein de la famille.

C'est ainsi que vous nous donnerez le spectacle et le bon exemple d'un mariage vraiment chrétien. Oh ! que notre chère France en a besoin de mariages chrétiens, dans ce temps où tant de familles ont cessé d'être chrétiennes, où tant de familles ont chassé Dieu du foyer domestique ! Vous le savez comme moi, si nous persistions dans cette voie qui mène aux abîmes, il est plus aisé de prévoir que de décrire les humiliations et les catastrophes auxquelles nous sommes réservés.

Ce que je vous demande, mon cher Neveu et Mademoiselle, et à vous tous aussi qui entourez à cette heure nos chers jeunes gens de vos sympathies les plus cordiales et de vos prières les plus ferventes, c'est de faire en sorte de n'avoir aucune part de responsabilité dans ces calamités possibles de l'avenir ; c'est de pouvoir vous rendre le témoignage que vous n'y serez pour rien ; c'est de les conjurer, au contraire, dans la mesure de vos moyens et le cercle où votre vie est appelée à se mouvoir. Et comment cela ? En élevant chrétiennement vos enfants ; en faisant de vos enfants des chrétiens, de bons chrétiens ; en étant vous-mêmes des époux chrétiens dans toute la vérité de cette expression.

Je vous le demande à vous, mon cher Neveu, au nom de votre bonheur et du bonheur de celle qui va vous devenir désormais plus chère que votre propre vie. Je vous le demande en cet instant particulièrement solennel. Ne consultez pas ce qui se fait à côté de vous pour savoir ce que, sous ce rapport, vous avez à faire vous-même. Vous n'ignorez pas de quel sang catho-

lique nous sommes faits. Vous savez quels hommes, je pourrais dire quels patriarches, et quelles dignes et saintes femmes nous ont précédés dans la vie, nous traçant la route à suivre, et nous contemplent maintenant du haut du Ciel. Vous savez de quelle considération respectueuse et universelle ils ont été constamment entourés. Vous aurez à cœur de continuer et de faire revivre ces nobles traditions de famille.

Ces traditions d'honneur, de vertu et de sainteté dont je parle sont aussi les vôtres, Mademoiselle, je le sais. Et si nous, votre nouvelle Parenté, celle que je représente ici et dont je suis chargé de vous exprimer toutes les tendresses et tous les vœux, si, dis-je, nous applaudissons à cette alliance, c'est sans doute pour vos grandes qualités personnelles qui nous sont déjà connues, mais c'est aussi parce que, avec vous, nous entrons dans une famille semblable à la nôtre, et au sein de laquelle nous sommes assurés de retrouver tout ce que nous avons appris de nos ancêtres à aimer et à vénérer le plus en ce monde.

Et maintenant, ô mes bien chers enfants ! interprète de tous les cœurs, je dois vous exprimer les vœux de tous.

Que le Dieu bon et miséricordieux écarte de

vous tout malheur; qu'il répande sur vous l'abondance de ses grâces et de ses dons; qu'il répande la fécondité sur votre alliance, et puissiez-vous voir les enfants de vos enfants. Puissiez-vous, ne formant qu'un même cœur comme vous ne formerez qu'une même chair, et vous tenant toujours unis et pour ainsi dire par la main, arriver ensemble jusqu'à ces extrêmes limites de la vie qui se confondent avec les clairs rivages du Ciel.

www.ingramcontent.com/pod-product-compliance
Lightning Source LLC
Chambersburg PA
CBHW070535050426
42451CB00013B/3024